JARDIM de ORQUÍDEAS
Vestida de Poesias

Editora Appris Ltda.
1.ª Edição - Copyright© 2024 da autora
Direitos de Edição Reservados à Editora Appris Ltda.

Nenhuma parte desta obra poderá ser utilizada indevidamente, sem estar de acordo com a Lei nº 9.610/98. Se incorreções forem encontradas, serão de exclusiva responsabilidade de seus organizadores. Foi realizado o Depósito Legal na Fundação Biblioteca Nacional, de acordo com as Leis nos 10.994, de 14/12/2004, e 12.192, de 14/01/2010.

Catalogação na Fonte
Elaborado por: Dayanne Leal Souza - Bibliotecária
Bibliotecária CRB 9/2162

P337j
2024
	Pavarin, Shana
	    Jardim de orquídeas: vestida de poesias / Shana Pavarin. – 1. ed. – Curitiba: Appris, 2024.
	       47 p. ; 21 cm.
	
	    ISBN 978-65-250-6143-6
	
	     1. Literatura brasileira - Poesia. 2. Vida. 3. Amor. 4. Saudade.
	    I. Pavarin, Shana. II. Título.
	
	                                              CDD – B869.91

Editora e Livraria Appris Ltda.
Av. Manoel Ribas, 2265 – Mercês
Curitiba/PR – CEP: 80810-002
Tel. (41) 3156 - 4731
www.editoraappris.com.br

Printed in Brazil
Impresso no Brasil

SHANA PAVARIN

JARDIM *de* ORQUÍDEAS
Vestida de Poesias

Appris
editora

Curitiba, PR
2024

FICHA TÉCNICA

EDITORIAL	Augusto Coelho
	Sara C. de Andrade Coelho
COMITÊ EDITORIAL	Ana El Achkar (UNIVERSO/RJ)
	Andréa Barbosa Gouveia (UFPR)
	Conrado Moreira Mendes (PUC-MG)
	Eliete Correia dos Santos (UEPB)
	Fabiano Santos (UERJ/IESP)
	Francinete Fernandes de Sousa (UEPB)
	Francisco Carlos Duarte (PUCPR)
	Francisco de Assis (Fiam-Faam, SP, Brasil)
	Jacques de Lima Ferreira (UP)
	Juliana Reichert Assunção Tonelli (UEL)
	Maria Aparecida Barbosa (USP)
	Maria Helena Zamora (PUC-Rio)
	Maria Margarida de Andrade (Umack)
	Marilda Aparecida Behrens (PUCPR)
	Marli Caetano
	Roque Ismael da Costa Güllich (UFFS)
	Toni Reis (UFPR)
	Valdomiro de Oliveira (UFPR)
	Valério Brusamolin (IFPR)
SUPERVISOR DA PRODUÇÃO	Renata Cristina Lopes Miccelli
PRODUÇÃO EDITORIAL	Daniela Nazário
REVISÃO	Katine Walmrath
DIAGRAMAÇÃO	Renata Cristina Lopes Miccelli
CAPA	Eneo Lage

*Que eu escreva sempre palavras
Doces, sábias
Que sejam inspiradoras
Que toquem pessoas
Que sejam poesias
De coisas simples e boas...*

Shana Pavarin

Dedico imensamente este meu primeiro livro, com muito amor, a Deus, que sempre me deu forças para vencer, e à minha família, incentivadora da minha arte. À minha amada mãe, Salete, mulher única e guerreira. Ao meu saudoso pai, Luiz, que infelizmente não pode estar presente neste momento tão importante da minha vida; à minha irmã, Cheila, tão linda e amada; e à minha alma gêmea, luz da minha vida, Karine, minha esposa. A todos os seguidores da minha página: Jardim de Orquídeas Espiritualidade. E àqueles que sentem a poesia na sua essência. Minha eterna gratidão...

SUMÁRIO

ONDE ESTÁ A POESIA..11
POESIA DE DESTAQUE — PAI.....................................12
MULHER...13
SONETO MÃE...14
FAMÍLIA..15
TODO NOSSO AMOR..16
POETA DO AMOR...17
MINHA INFÂNCIA..18
AVÓ ONDINA..19
SAUDADES...20
GRATIDÃO...21
ALMA GÊMEA DO AMOR..22
O AMOR...24
ONDE ESTIVE AGORA...26
DESENCONTRO...27
A ALMA NÃO TEM COR..28
AMIZADE DE OUTRAS VIDAS....................................29
ESSÊNCIA..30
SIMPLICIDADE..31
CROMOSSOMO DO AMOR..32
ESQUIZOFRENIA...33
FALANDO DE AMOR…..34
OUTRAS VIDAS...35
JANELA MOLHADA...40
QUANDO AS PALAVRAS SE ABRAÇAM…..................42

MEU OLHAR...! 44
ALÉM DO TEMPO 45
UM DIA DE CHUVA 46
MEU ÚLTIMO POEMA 47

ONDE ESTÁ A POESIA

Quero ver a poesia antes do seu ápice, antes do aroma encantador. Talvez se apenas olhássemos dentro dos olhos, ou talvez aquele instante mágico que antecede um beijo, entenderíamos a mais perfeita emoção da poesia.

Mas quero mais, quero ir além, à poesia nas ruas, naquela individualidade nua que chamamos de essência, sentir-se disposta por saber que somos feitos de sentir e desse sentir nasce o mais belo de todos os versos: a poesia chamada vida.

Ouvi esse texto dentro de uma casa espírita, parecia música para meus ouvidos... Logo comecei a escrever sentindo um perfume acalentador...

Sempre senti a poesia perto de mim obedecendo a apenas um critério... A inspiração, essa disponibilidade que me embriaga de lucidez, conduta rara, elegância insinuante misturada entre poesia e espiritualidade...

POESIA DE DESTAQUE — *PAI*

Lembro quando eu era criança
No seu colo doce balança
Minha alma alegre dança
Afagos, eterna lembrança...
Hoje criança cresceu
Ainda com medo de perder você para o céu
Falo com Deus, e me escondo no véu.
Meu pai, meu herói, para sempre meu céu
Só tenho a agradecer
Meu herói mesmo longe me fortalecer
E com meus erros permanecer
Sempre ao meu lado ensinando-me a viver
Hoje a saudade se fez morada
Olho para o céu
E mesmo sem entender
Espero sua chegada...
Pai, como o tempo passa depressa.
E meu coração confessa
Por amor te faço uma promessa
Te amarei para sempre sem pressa...

MULHER

Mulher é pura poesia
A mais linda e doce magia
Mulher guerreira
Com um dom único de ser inteira
Mulher gera vidas
E dentro desse amor é envolvida
No seu ventre protege um ser
Parabéns a nós por esse poder
Mulher tem instinto de mãe
Com uma beleza infinda
Todas merecem respeito
E com doçura ainda amamenta no peito
Mulher descobriu o seu valor
Seu espaço ocupou
Venceu preconceitos e ainda luta com fervor
Mas será que a luta acabou?
Mulher de todos os jeitos
De tipos diferentes
São lembradas, amadas a cada momento
Mulher de ontem, de hoje, de amanhã
Mulher de todas as profissões
Do lar, rainha dos nossos corações
Mulher que trabalha, cuida, ama
Mulher de múltiplas emoções
E hoje, dia 8 de março
Dia de grandioso esplendor
Venho aqui homenagear
O grande símbolo do amor

SONETO MÃE

Mãe
Toda minha vida sentinela
Profecia de Deus prescrita
Orquídeas eternizam paz na minha janela
Mãe
O vento suave, manso de brisa.
Sua doce presença na Minha alma aquece
Seu coração lavando minha dor por onde pisa amanhece
Mãe
O lado mais doce que vive em mim
A orquídea azul mais linda do meu jardim
A prece de candura que preciso aqui
Mãe
A poesia que perfuma, declama ternura.
A voz mansa que preciso com candura
Eterno amor, preciosa bravura...

FAMÍLIA

Se eu pudesse lhe dar um conselho amigo
Diria: Fique perto de sua família
Seja no amor ou na dor
Mas fique perto do amor...
Porque um dia pode ser só saudade
Seja lealdade
Não deixe que a maldade
Atire na sua felicidade
Fique perto do coração
Na vida e na canção
Seja no bairro ou nação
Sinta emoção
Família é tudo
Mantém a alma aquecida
Seja na chegada ou na saída
Somos irmãos de uma vida...

TODO NOSSO AMOR

Eu dançaria contigo descalça,
Por todas as vidas
Debaixo da chuva fria.
Com cheiro de boas-vindas...

Seria capaz por toda a eternidade
Render a minha alma à sua...
Caminhar ao teu lado,
Com todo amor e cumplicidade...

Não me importaria
de pintar o céu de outra cor,
Só para ver nos teus olhos
Todo nosso amor...

POETA DO AMOR

Ser Poeta é encontrar na poesia
A expressão verdadeira do amor
Percorrer versos
Atravessando a dor...
Ser Poeta é moldar a vida
Rasgar o céu da imensidão
E a cada partida
Chora estrofes de uma vida
Ser Poeta é fazer magia
Em cada verso que tu escreves
São doces palavras que brotam no coração
Sentidas pela emoção
Ser Poeta é encontrar forças nas palavras
E nunca deixar de sorrir
Mesmo que a dor invada
Traz maestria e nos faz servir
♥
Ser Poeta é ser nós
É adentrar os corações
Em todas as estações
Misteriosos com vossas intuições
Escrevo poemas
No infinito da alma
Revelo as cores que iluminam os meus dias
Que há em mim
Que há em nós...
Eternamente poeta do amor...

MINHA INFÂNCIA

Oh! Que saudades que tenho
Da aurora da vida
Da minha infância querida
Que os anos não trazem mais
Naquelas tardes debaixo dos laranjais
À sombra do amor de meus pais
Daquele mundo de outrora
Que não volta mais
Naquelas noites, do céu estrelado.
E eu na janela
Sonhando acordada
Sentindo a presença de Deus do meu lado
Hoje falo verdades
De um tempo
Que deixou saudades
Tempo esse que me deu
Tudo que um dia Deus no meu ouvido falou;
Pega essa estrada, minha filha, que todo esse vasto mundo é seu...

AVÓ ONDINA

Ai, que saudade, nas manhãs de domingo na casa da minha vó
Família reunida, café no fogão a lenha,
Cheirinho de churrasco, tempero do amor.
Ai, que saudades, tudo perfeito, casa cheia.
Sinônimo de riqueza, perfeita sintonia.
Tudo simples, com aroma de flores.
Espantando todas as dores
Na mais perfeita companhia.
Minha vó perto do fogão, colocando lenha no fogo.
Pensando nos ingredientes daquela deliciosa cuca de farofa
Deliciosa combinação de carinho com doçura.
Queria apenas por alguns segundos
Pedir licença a meu pai do céu
Sentir novamente o aroma do seu abraço forte
Para sempre guardar comigo
O cheiro daquele casaco de linho
Se fazendo o infinito abrigo
Naquele doce ninho.
São lembranças que jamais vou esquecer
Saudade acenando
Coração reclamando
Quem dera o tempo voltar
E minha amada Vó por um instante chegar
Com todo aquele coração grandioso
Para sempre eternizar...

SAUDADES

Era um amanhecer
O sol apontava de longe
E aquele silêncio de endoidecer
Naquele dia lindo
"Fazes-me falta"
Terá sentido o calor de um abraço?
Adormecida na paz
Segue agora saudade
Pronta a acolhê-la
Na alma prontamente
Guarda-la
Muitas vezes temos saudade
De tudo o que foi
Sem medo e sem vaidade
Não tenhamos receio no anseio ou verdade
Sorrisos, afetos e abraços.
No meio de tantas incertezas,
O "fim" é a única certeza que temos em nossas vidas.
Por isso aproveite tudo nesta vida
Com a certeza vivida
Que nesta vida infinda
Somos saudade, vida corrida.
Mistério, magia, página percorrida.

(Baseado num acontecimento verídico, saudades de alguém que vive ao lado de Deus.)

GRATIDÃO

É preciso agradecer o tempo
Que se fez barulho
Que se fez silêncio
É preciso agradecer as flores
Que se fez poesia
Que se fez essência
É preciso agradecer a ciência
Que se fez presente
Que se faz presente
É preciso agradecer a Deus
Que faz o tempo, as flores,
É preciso agradecer a vida
Que se fez dor
Que hoje se faz límpido e puro amor.

ALMA GÊMEA DO AMOR

Minha alma gêmea
Por muito tempo fiquei perdido
Vaguei por caminhos que nem sei
Procurei em tantos mundos
Procurei-te no infinito
Mas me encontrava em um labirinto
Por onde estávamos nós?
Mas aqui dentro sentia
Que estávamos predestinados a renascer
Aquele amor infinito pulsava
Mesmo sem saber quem era
Já sentia a nossa primavera
Como sinal dos deuses
Ouvia sinos cintilantes na alma
E aquela brisa que acalma
Quando tudo parecia fundo e disperso
Você apareceu como nos meus sonhos
Fez-me renascer diante do mundo imerso
Nossas almas se encontraram
No meio daquela turbulência e dor
Infinda maresia do nosso amor
Crescemos com as dores

Ressurgimos no amor
E renascemos se preciso for
Minha alma gêmea infinita
Caminharemos por toda a eternidade de mãos dadas
Nossas almas entrelaçadas
Percorrendo caminhos de amor...

O AMOR

O verdadeiro amor é aquele que transborda felicidade
E até a saudade...
Invade...
Sentimento que assusta... É de verdade...
O verdadeiro amor se faz presente...
E até ausente...
Deixa intensamente
A alma loucamente...
O verdadeiro amor nos faz melhor
Aquece a alma e afasta a dor
Poema fácil versa de amor
O amor verdadeiro nos fortalece
E quem diria um dia...
A alma cresce
O amor verdadeiro nos acalma
Transforma o ser
Invade a alma
Para sempre te ver
O amor verdadeiro é emoção
É a melhor canção
É ser doação
É entrega dentro do coração...

O verdadeiro amor
Cura-nos
Toda a dor
Faz-se morada
Poesia declamada
Versos de amor
E para quem achou que nunca chegaria
Declamo feito poesia
A mais linda história de amor...

ONDE ESTIVE AGORA

Estou te abraçando agora
Com toda minha alma
É nessa hora
Que me sinto calma
Espero que me sinta
Onde estive agora...

DESENCONTRO

No meu desencontro
Eu me encontro
Sinto-me quieta
Na minha imensidão
Quero ficar com o nada
Sem o risco de perder esse breve silêncio agora
Esse quase imperceptível tremor
Faço-me pequena desnuda sem dor
Todo esse tempo
Ouço num primitivo espanto
A procura incerta que me acerta
Sempre em busca de nova descoberta
E essa razão inversa
De interferências indébitas
Tudo imprevisível, delicioso, inquietante.
Sua contemplação escandaliza e fascina.
Encontra-me...

A ALMA NÃO TEM COR

A alma não tem cor
Preconceito causa dor
Somos todos de sangue vermelho
Cor forte símbolo do amor
Não sinto diferença
Entre o mundo de cores
Rotular bela presença
É morte, consciência.
Com sutileza encanto-me
Sou preta, branca, azul.
O que importa sua cor?
Tenho a vida na alma todas as cores vivas de amor...

AMIZADE DE OUTRAS VIDAS

Doce coração
Alegria emoção
Nesta vida te encontrar
Sinto seu abraço,
Na minha alma acalentar
Magia, Sincronicidade
Para sempre te adorar
Amizade sem fim
Pureza, alma límpida, saudade.
Afagos, de um coração.
Poesia, amor, doce amizade.
Em uma só canção
Amizade sem fim
Será sempre para mim
Amizade de outras vidas
Doce emoção sem fim...

ESSÊNCIA

Existo em todas as pessoas que amo
E nas que amei
Existo nas palavras que escrevo
E que ainda escreverei
Existo nos lugares em que fiz morada
E que ainda serei chegada
Existo nos lugares que visitei
E que ainda irei
Existo no doce silêncio
E que ainda se faz tempestade
Existo na simplicidade
Que ainda se faz cumplicidade
Existo na sensibilidade
Que ainda me faz
Traz-me, seduz.
Existo no incerto
Que ainda se faz certo
Existo nas amizades, amores, sabores, flores.
Existo na magia, poesia.
Existo no amor
Que ainda me faz viver
Existo em tudo que me faz sentir emoção
Que ainda me causa paixão
Existo na intensidade
Sou essência, poesia, magia, saudade...

SIMPLICIDADE

Gosto do cheiro da chuva
De andar descalço
Da estrada de chão
Gosto da melodia que envolve o entardecer
O aroma que exala da poesia
Café com chocolate ao amanhecer
Gosto do inesperado
Cócegas na alma
Da sedução que envolve um olhar
Gosto de expressões
De gargalhadas impróprias
Do abraço que aquece
Do beijo doce roubado
Gosto de tudo simples
Que faz sorrir
Sentir
Servir
Gosto do acaso
Sem querer
Da emoção
Gosto da vida nua
Do intenso
Das flores
Gosto da sensibilidade da alma
Das borboletas
Da liberdade
De ser poeta

CROMOSSOMO DO AMOR

Síndrome do amor, de um ser encantador.
Presença de um cromossomo a mais
Não quer dizer quer não somos iguais
Esse é meu lindo mundo de Down
Nele não cabem distinções, preconceitos.
Se você ainda não entendeu, é porque não sabe amar direito.
Com histórias, músicas e poesias.
Não diferenciamos raça, credo nem cor.
Apenas somos símbolo do amor
Somos muitos diante de um mundo tão vasto e fundo
Somos estranhos por sermos normais?

Não vejo diferença por ser amor em Down.

ESQUIZOFRENIA

Vozes me atormentam,
Ideias incoerentes
Loucura aparente
De nada servem
Tudo e nada, o medo vem.
Um vazio invade
Ninguém percebe
Mente me mente
Meu mundo doente
Ideias insanas
Vultos, mentes humanas.
Já não sei quem sou
Não sei se fico ou vou
Tudo é real, fantasia.
Maluca poesia
Esta crônica esquizofrenia

FALANDO DE AMOR...

Falo do amor porque vivo o amor em sua totalidade escandalosa, intensa, nua;
Falo de amor porque não sei viver de outra forma, se não amar poeticamente;
Falo de amor porque desconheço outro sentimento tão grandioso de uma existência;
Falo de amor por sua causa, sentimento absoluto que causa profunda metamorfose;
Falo de amor porque não me cansa, me faz crescer;
Falo de amor em todas as formas, porque não existe diferença no amar;
Falo de amor porque respiro seus sentimentos, que fazem meu coração bater;
Falo do amor pela sua emoção que penetra em outras almas tocadas;
Falo do amor porque toda vez que falo AMOR
Estou falando de você...

OUTRAS VIDAS

Começou em vidas passadas
Minha alma cigana
Com uma roupa vermelha
O meu amor me esperava

De um esperar eu vivia
Não sei bem o que fazia
Mas adorava o sonhar
Ficava a dançar

Com um riso atingido
Buscava aquele olhar
Do meu amor proibido
Ela sempre aparecia
E vinha-me sem rosto
Eu, na ousadia
Deixava me levar no gosto

O tempo passou
E o amor chegou
E assim começou

Aquela orquídea aconteceu
Foi quando eu e meu amor
Decidimos então fugir
Sob um céu encantador

Começamos a sair
Levávamos apenas o necessário
Amor, poesia e aquele doce cenário.

Só me lembro da gente
De uma vida passada
Cantiga envolvente
Tamparam nossa visão
E nos levaram a lugares diferentes

Fiquei presa e na escuridão
Não sabia o que seria da gente
Estava presa na ilusão

Assustada pela emoção
Estava tão exausta,
Mas não aceitaria aquela condição

Não entendo esses conceitos
Sinto-me perdida
Sem rumo ou preconceito
Do amor só aceito
Das vidas passadas
Amor e respeito

Ainda fraca e desnutrida,
Lutava para me recuperar
Tinha que estar forte pra minha partida,
Pois iria precisar lutar...

Percebi que só tinha um caminho
A verdade sentida
E minha alma sofrida
Fez-se a chorar
Mas como todo sofrimento
Traz um triste sentimento
A alma doente
Acabou o encantamento

Dançava para ela com frequência
Fazia tudo que me pedia
Eu na inocência
Não sabia que me iludia

Corri até não conseguir mais
Mas naquela época de outrora
Vidas passadas
Não voltam mais

Hoje trago vagas lembranças
De um falso amor
Que me ensinou
Que amar de verdade
Tem cheiro de flor

Logo entendi o que aconteceu...
O verdadeiro amor reencarnaria,
E nesse dia
Sentiria...

Fui tomada por um momento
Naquele tempo da tristeza
Um vazio me tomou conta,
Mas de uma coisa eu tinha certeza

Voltava por vontade própria
Para concluir minha história
Com um lindo sorriso no rosto
Comecei a caminhar
Que jamais deixaria
Aquela tristeza voltar

Pela primeira vez o questionei
Perguntei sobre o meu amor
Como se nada soubesse
O questionei sem rancor

Ela me contou toda a verdade
Tive que ser fria naquele momento
Mas como alguém sempre falou
O amor verdadeiro me perdoaria

Como num olhar carinhoso de outras vidas
Em um momento entre idas e vindas
Tranquei-me num quarto sozinha,
Precisava chorar
Recuperar-me
Para nunca mais me enganar

Quando chegou a noite
O meu verdadeiro amor
Pediu-me para dançar
Vesti-me do meu vestido vermelho
E comecei a me aproximar

Como pude cometer esse erro?
Tinha mais gente por lá...
Não tive tempo de fazer nada
Alguém veio me alertar

Reencontrei o meu amor nessa jornada
E ela meu amor cigana
Com proteção divina me ama

Paguei pelos erros
Assim como todo mundo
Mas agora estamos na luz
E na paz que o verdadeiro amor me traz...

JANELA MOLHADA

Houve um tempo em que a janela da alma se abria
Sobre a pequena cidade dizia...
Ser feita de sonhos e poesia.
Perto da janela havia um verde
Um jardim florido que arde
Era uma época de estiagem,
De terra e folhagem.
Hoje as manhãs trazem o silêncio
Acenando saudade
Com as mãos calejadas
Sentindo o romper da idade.
Às vezes abro a mesma janela
E encontro o mesmo jasmineiro em flor.
Outras vezes apenas a dor.
Avisto crianças que vão para a escola,
Que carregam consigo sonhos na mala
Vejo gente vivendo
Sendo, correndo.
E a mesma janela hoje se fez molhada
Trazendo a dor da saudade
E agora?
Que maldade
Às vezes, a vida vira poema entristecido.
Nessa janela molhada
As lágrimas fazem morada
Na janela rosada

Diante do incerto
Cada janela aberta
Algumas se fecham
E outras apenas molham
Finalmente, é preciso aprender a olhar,
Para poder vê-las assim
Simplesmente amar
Do começo ao fim...
Porque diante do nada
A poesia chora
Nessa intensa janela molhada.

QUANDO AS PALAVRAS SE ABRAÇAM...

Você chegou assim
Derramando poesia em mim
Inaugurando os melhores versos
Deixando tudo que entristece imerso
Por todas as noites e tardes
E amanheceres intensos
Você é minha poesia particular
Que me faz querer eternamente caminhar
Nessa prosperidade certa
Você me acerta
Em uma entrega infinita
Vivo-te, te sinto, nessa poesia mais bonita...
Jamais esquecerei tuas incandescências
Desde nosso primeiro momento
Esse amor que acendeu em mim
O melhor de mim
A todo momento
Foi no seu abraço que encontrei o caminho mais perfeito pro meu próximo passo...

Arte e amor na vida

Hoje vou começar a falar
Distribuindo emoções
Não estranhe meu jeito louco de amar
Em forma de versos e canções
Tenha na vida
Amor essência de vida
Pois amanhã poderá ser partida
Demonstre todo o seu sentimento
Louco, forte momento,
Pois a vida e arte é um casamento
Nunca se esqueça de dizer que ama
A quem você verdadeiramente ama
Pois o verdadeiro amor é uma chama.

MEU OLHAR...!

Embriagada de um nada...
Andando pela estrada...
Eu vou
Aquele momento tão belo.
Olhando de canto...
Vislumbrando ainda o encanto.
E simplesmente falou:
Apenas o silêncio olha-me
Se ainda olhasse, talvez buscasse...
Em algum lugar perdido, escondido
Talvez achasse
Onde a alma arrepia

Somos o tudo deste nada!

ALÉM DO TEMPO

Trago na minha alma infinda
Recordações de outras vidas
São apenas sensações
Que respiram emoções
Foi naquele momento
Silêncio barulhento
Vi-me assim
Você em mim
E daquele instante outrora
Nossos segundos, minutos, horas.
Vivo sensações repetidas
Sentimentos de uma vida
Hoje eu sei que é para sempre
O nosso amor dando voltas na terra
Visto-me nua de clara certeza
De que já senti esse amor entre o céu e a terra.

UM DIA DE CHUVA

De repente decido escrever
Com pingos de chuva
Que caem lá fora
Na alma a esmaecer
As palavras saem
E sinto-me feliz agora
Por poder escrever
Gotas de chuva
Na janela a tamborilar
Uma leve brisa no ar
Flores lindas para amar
Naquele encontro poetizar
E na chuva sem fim
Ela está em mim
Como se falasse
Um bom-dia para mim a recomeçar.

MEU ÚLTIMO POEMA

Sou poema inacabado
De rimas doces acabadas
Fui esculpida de palavras
E de sonhos, magias encantadas.

Dedico estas delicadas palavras
À dor de uma saudade
A voz triste dessa poeta
Que declama com vontade
De profundamente entender quem sabe

Saudades da minha infância querida
Dos amigos, e pessoas que já foram.
Num dia iluminado, ou em uma noite estrelada.

Que um dia impediste
De o adeus abraçar
São emoções e sentimentos para sempre embalar

Sou palavras que escorreram
Desses olhos por amor se perderam
Para isso me deram a liberdade
Deste meu último poema de agora
Falar de saudade
Sem temor e demora.